JEAN GRAVE

ENSEIGNEMENT BOURGEOIS
et ENSEIGNEMENT LIBERTAIRE

10 Centimes

EN VENTE AUX TEMPS NOUVEAUX :

Bibliographie anarchiste, *par Nettlau* . . . . 5 »

Volumes de chez Stock :

La Conquête du pain, *par Kropotkine* 2 75
L'Anarchie, son idéal, *par Kropotkine*. . . . . » 60
Œuvres de Bakounine. 2 75
La Société future, *par J. Grave*. 2 75
La Grande Famille, roman militaire, *par J. Grave* 2 75
L'Individu et la Société, *par J. Grave*. 2 75
L'Anarchie, son but, ses moyens, *par J. Grave* 2 75
Mais quelqu'un troubla la fête, *par Marsoileau* . . . . . . 1 »
Biribi, *de Darien* 2 75
Bas les cœurs ! *de Darien*. 2 75
Sous-offs, *de Descaves*. 2 75
L'Inquisition en Espagne, *par Tarrida del Marmol* . . . 2 75
Le Socialisme en danger, *par Domela Nieuwenhuis*. . . . 2 75
Evolution et Révolution, *par Elisée Reclus*. 2 75
Fabrique de pions, *par Zéphyrin Raganasse* 2 75
La Commune, *par Louise Michel*. 2 75
L'Instituteur, roman, *par Th. Chèze* 2 75
Sous la Casaque, *par Dubois-Desaulle*. 2 75
L'Amour libre, *par Ch. Albert* 2 75

De chez Flammarion :

Les Paroles d'un révolté, *par Kropotkine*. 1 25

De chez Perrin :

Correspondance de Bakounine 2 75
Les Temps sont proches, *par L. Tolstoï*. . . . . » 50
Enquête sur la question sociale, *par J. Huret*. 2 75

De chez Schleicher frères (Reinwald) :

Les Religions, *d'André Lefèvre*. . . . . 6 »
Force et Matière, *par Buchner* . . . . 7 »
Science et Matérialisme, *par Letourneau* . . . . 5 »
Les Guerres et la Paix, *par Ch. Richet* 1 15

De chez Dentu :

Le Primitif de l'Australie, *par E. Reclus*. 2 75

De chez Charpentier :

Au Port d'armes, *par Henry Fèvre*. 2 75
Souvenirs d'un matelot, *par Georges Hugo*. 3 25
La Mêlée sociale, *par G. Clemenceau* 3 25
Le Grand Pan, *par G. Clemenceau*. 3 25

De la Revue Blanche :

Sous le Sabre, *par Ajalbert* 2 75
L'Armée contre la Nation, *par U. Gohier* 2 75
La Débandade, *par M. Lami* 2 75
La Clairière, *par Donnay et Descaves* 2 75

ENSEIGNEMENT BOURGEOIS

ET

ENSEIGNEMENT LIBERTAIRE [1]

Camarades,

(C'est à dessein que j'emploie ce mot : camarade, qui, n'ayant pas de genre, exprime parfaitement ma pensée, en nous réunissant tous sous une appellation commune, supprimant les distinctions d'âge et de sexe qui ne doivent plus exister lorsque nous nous réunissons pour une œuvre d'étude ou de propagande.)

Donc, camarades,

Avant de vous dire ce que seront les cours dont cette réunion est l'annonce, il sera peut-être bon de vous faire l'historique de l'idée qui nous y a menés.

A différentes reprises, plusieurs d'entre nous avaient eu l'occasion d'entendre les doléances de pères de famille en quête, pour leurs enfants, d'une instruction saine et logique, et se plaignant de ne pouvoir trouver cela dans la société actuelle.

L'éducation, ce qu'elle est, ce qu'elle a été, vous le savez tous, et nous ne sommes pas les seuls à le reconnaître, — nombre de bourgeois des plus fieffés commencent eux-mêmes à en comprendre les inconvénients. — L'éducation, accaparée par l'Etat, ne pouvant se donner que sous son contrôle, ayant créé une caste à part de ceux qui sont chargés de l'enseignement, part de cette vérité originelle que l'homme est un être paresseux qui ne pense et n'agit que sous la pression du besoin, mais qu'ils ont trouvé le moyen de changer en erreur, en mettant des entraves à la satisfaction des besoins, et en venant substituer leurs volontés, et leurs méthodes, à celles du besoin lui-même.

---

[1] Lu par le compagnon Grave à la séance d'inauguration des cours d'enseignement libertaire, le 12 février, à l'Hôtel des Sociétés savantes.

Et alors, au lieu de chercher à développer le besoin d'apprendre que possède tout individu, au lieu de s'inspirer des résultats acquis pour faciliter la recherche à toute conscience en éveil, au lieu de lui rendre la tâche attrayante, ils ont fait de l'éducation un instrument de torture, ils ont prétendu fourrer de force, dans la tête des gens, des idées qu'ils n'étaient même pas sûrs de bien comprendre eux-mêmes, de façon à répugner même aux plus assoiffés d'apprendre.

Ce système qui avait pour résultat de façonner les cerveaux à la guise des éducateurs, de tuer l'initiative de l'élève, en le bourrant d'idées toutes faites, ne lui demandant que de la mémoire, et non de l'esprit critique, ayant bien soin même d'étouffer ce dernier, lorsqu'il voulait s'exercer, cette éducation faisait trop bien l'affaire de ceux qui se sont donné pour mission de diriger l'humanité, pour qu'ils n'essayassent pas de l'amplifier et de la perfectionner dans ce sens.

*
* *

« Inculquer l'esprit d'obéissance, de soumission aux maîtres, annihiler sa volonté devant celle d'une autorité supérieure, toujours abstraite, mais représentée par des êtres de chair et d'os : le prêtre, les gradés de tout poil, civils ou militaires : le gendarme, le juge, le député, le policier ou le roi, au besoin, l'habit galonné du garçon de bureau. »

Voilà quelle fut la tâche de ceux à qui incomba le soin d'élever les jeunes générations. Nous en avons aujourd'hui les résultats. Ils y ont si bien réussi, que ceux qui devaient en bénéficier, commencent à s'en plaindre, atteints eux-mêmes du mal qu'ils auraient voulu ne voir se propager que parmi ceux-là seuls qu'ils exploitent.

Leur œuvre, nous l'avons sous les yeux : des hommes prétendus intelligents, se faisant les défenseurs du faux, de l'iniquité et du mensonge, pour essayer de redonner un peu de vie aux institutions décrépites qui s'anémient sous l'effet de l'auto-infection de leurs propres principes, ne s'apercevant pas qu'ils contribuent à les démolir davantage.

Et voilà des siècles et des siècles que notre pauvre

humanité subit cette compression; l'une après l'autre, les générations ont dû se laisser pétrir le cerveau, réciter comme articles de foi les divagations de ceux qui s'étaient faits leurs maîtres. Comment l'esprit critique a-t-il pu résister à cette compression formidable? C'est que, après tout, s'il est très facile d'obtenir une soumission apparente des individus, il est impossible d'atteindre leur pensée intime; et qu'il n'appartient même pas à l'individu lui-même de changer sa pensée.

On peut le forcer à agir différemment qu'il ne pense; on peut le plier à agir de lui-même — combien nombreux en sont les exemples! — en contradiction avec toutes ses façons de raisonner. Il ne manquera jamais d'arguments plus ou moins subtils pour se prouver qu'il avait toutes sortes de raisons d'agir ainsi. Mais le besoin même de se justifier implique mécontentement de soi-même. Et voilà pourquoi, de temps à autre, s'élèvent quelques cris de protestation contre l'erreur, contre le mensonge.

*
* *

Mais, si le caractère intellectuel de l'être humain a pu, en se réfugiant en son for intérieur, résister à la compression et à l'éteignoir, il n'en a pas été de même de son caractère moral.

Au lieu de la franchise, de l'indépendance de caractère qui doivent être naturelles à l'homme, puisqu'on les trouve très développées chez les peuples que n'a pas contaminés notre prétendue civilisation, — il est vrai que nous les accusons alors de grossièreté et d'insociabilité, — partout le respect des convenances que l'on méprise au dedans de soi, mais que l'on n'ose secouer, sous crainte de crever de faim, — ce qui est, certes, à considérer — mais aussi parce que cela vous mettrait en froid avec tel et tel de votre entourage, de vos relations; de crainte, le plus souvent, de paraître original! comme si ce n'était pas là le fond même du développement de notre individualité.

Aussi, au lieu de tendre à s'élever, au lieu d'essayer de sortir de l'abaissement général, l'on n'a qu'un but: ne pas trop détonner au milieu de l'effacement ambiant.

Partout des gens qui, pour ne pas avoir à lutter pour leur existence, cherchent à l'accrocher au fameux char de l'Etat. Partout l'oppression subie par les individus, parce qu'on leur a fait croire qu'ils s'opprimeraient mutuellement, si personne n'était spécialement chargé de ce soin. Partout la misère endurée par ceux qui produisent, la misère endurée jusqu'à la crevaison, parce que l'autorité, en bonne protectrice des privilégiés, a fait croire aux exploités qu'ils seraient forcés de se disputer les fruits de leur travail, si une organisation tutélaire n'était pas là pour leur en enlever la meilleure part.

Et ainsi marchent nos sociétés, dites policées, — sans doute parce que la police en est le plus ferme soutien.

Ne pouvant empêcher la science de se faire jour, nos maîtres l'ont canalisée, ont mis des entraves à son expansion, l'ont réservée soigneusement à ceux de leur caste, ne laissant filtrer jusqu'aux exploités que ce qu'il était impossible de leur cacher, mais en la dénaturant et la bourrant de préjugés absurdes, de façon à fausser la conception de ceux auxquels elle arrivait ainsi sophistiquée.

Et ces préjugés, ces idées toutes faites, ces notions fausses nous sont tellement incorporés, que nous les apportons pour ainsi dire en naissant, nous les ramassons tout le long de notre existence, et ils deviennent autant d'entraves à notre émancipation intellectuelle.

Car, où le rôle du pouvoir est encore plus néfaste, c'est lorsqu'il agit par persuasion. L'excès de pouvoir engendre souvent la révolte, mais quel recours avoir contre ceux qui abusent de votre ignorance pour vous fausser le jugement?

*
* *

De tous les côtés, on nous assure que nous vivons sous un régime de liberté. Et il est indéniable, en effet, que, en beaucoup de cas, nous pouvons dire haut et ferme ce que nous pensons, jeter quelque vérité à la face du système qui nous écrase. Il en résulte bien, de temps à autre, quelques mois de prison, comme avertissement, à ceux qui se laissent entraîner trop loin, venant leur rappeler que l'autorité n'abdique jamais; mais la prison politique n'est pas faite pour effrayer qui que ce soit, et peut vous être parfois si utile que d'aucuns la rechercheraient plutôt.

A l'heure présente, on peut donc proclamer la vérité, — le bagne et la mort violente ne sont que pour ceux qui, las d'en faire une abstraction, tentent d'en faire une réalité.

Et, encore, s'il ne fallait donner que sa vie pour aider une vérité à se faire jour, cela ne serait pas un obstacle : la route du progrès est couverte des cadavres de ceux qui ne surent résister à l'impulsion qui les poussait à avoir raison contre leur époque.

Mais si, au point de vue judiciaire, on risque peu à se faire le champion du vrai, si l'on peut avoir raison contre le pouvoir politique, il n'en est pas de même de l'organisation économique qui a crû en force et puissance. Et ce que celle-ci a su mettre de chaînes et d'entraves à la pensée humaine est incalculable !

Combien sauraient mourir bravement dans la lutte, qui sont incapables de résister à la misère prolongée ? Combien sauraient l'endurer eux-mêmes, mais qui, pris par les devoirs familiaux, doivent écraser les velléités d'indépendance qui auraient tendance à fuser dans leurs actes, leurs paroles, leurs écrits ?

Libres ! vous êtes libres ; seulement, comme vous ne pouvez vivre qu'en louant votre force de production et que ceux qui l'emploient ne veulent pas qu'il soit rien dérangé au magnifique état de choses qui les met à même de vous exploiter, vous qui avez rêvé de troubler un si bel état social, soyez libres de crever de faim, il n'y aura plus de travail pour vous.

*
* *

Aussi, aidé de la peur du lendemain, l'enseignement officiel a si bien tué les individualités, déprimé les caractères, avachi les énergies, que les bourgeois eux-mêmes sont forcés de crier à la déchéance et veulent réagir, en créant pour les leurs, à côté de ce qu'ils ont fait, un enseignement chargé de réveiller les énergies endormies, de susciter les initiatives émasculées. Tel M. Demolins qui, dans un livre qui a fait sensation, annonce l'ouverture d'une école de ce genre.

« Susciter les questions de l'élève, découvrir ses aptitudes pour les diriger, au lieu de mettre en présence un inférieur (l'élève) et un supérieur (le maître), faire que l'élève se sente une personnalité en face d'une autre en même temps que l'on ouvre son intelligence, exercer ses muscles à des travaux manuels qui le mettent à même de savoir se servir de ses membres ; réveiller son émulation par l'attrait de ce qu'on lui enseigne, et non par des récompenses ou châtiments toujours arbitraires », voilà ce que propose M. Demolins, voilà ce que nous voulons nous aussi, et que nous n'avons inventé ni les uns ni les autres, puisque déjà Mlle Dupont le pratique depuis dix-sept ans dans son école professionnelle, et que cela est pratiqué aussi en Angleterre, si nous en jugeons d'après les exemples que M. Demolins cite lui-même.

Seulement M. Demolins croit à la légitimité de la propriété individuelle, il est convaincu des droits du capital ; les énergies et les initiatives qu'il rêve d'éveiller, sont celles de ces manieurs de capitaux ne reculant devant aucune innovation lorsqu'il s'agit de leur faire rendre le maximum, ne se laissant arrêter par aucune considération sentimentale lorsque leur intérêt est en jeu et habitués à ne voir dans le personnel qu'ils emploient que des outils que l'on met au rancart lorsqu'ils sont brisés !

Ah ! si : M. Demolins croit en Dieu. Mais nous savons que l'amour de Dieu n'a jamais empêché personne de tondre saintement les brebis que lui confiait sa volonté toute-puissante. Aussi, M. Demolins nous préparerait-il une belle génération de jolis messieurs qui se chargeront de serrer la vis au prolétariat, si les événements, plus puissants que la volonté humaine, ne viennent changer le cours des choses.

*
* *

C'est ce désir, ce besoin de sortir de l'enseignement abrutisseur de l'Etat, qui donna à quelques-uns de nous l'idée de chercher à créer un embryon d'école, où les enfants des camarades auraient trouvé une éducation saine et rationnelle.

Mais les causes économiques, dont je parlais tout à l'heure, ont fait leur œuvre. Après deux ans de propagande, nous avions en caisse 1.800 francs, lorsqu'il nous aurait fallu 30.000 francs au moins.

En commençant, certes, nous ne nous étions pas leurrés sur les difficultés à surmonter, nous savions que nous entreprenions une œuvre de longue haleine; mais de ce train-là, nous risquions fort de n'ouvrir l'école que lorsque nous serions nous-mêmes retournés à l'état d'enfance. Autre inconvénient : les individus se détachent si facilement des choses qui traînent en longueur !

Pour intéresser les gens, il nous fallait mettre quelque chose sur pied, leur indiquer, déjà, un commencement de réalisation.

Des cours du soir coûtaient beaucoup moins cher à établir. Ne pouvant parler aux tout petits, nous parlerons aux grands. Si nous réussissons à réaliser tout ce que nous concevons, peut-être trouverons-nous, par la suite, les concours nécessaires qui nous permettront de réaliser notre idée première.

Certes, le programme que nous vous présentons est bien restreint. Comme vous l'expliquera tout à l'heure l'ami Quillard, en vous parlant des sujets qui seront traités, infini est le nombre des connaissances humaines, et nos six pauvres cours font piètre figure.

Mais il s'agissait avant tout de commencer. Nous ne nous sommes pas arrêtés à la simplicité de notre liste. Une fois l'exemple donné, les adhésions nous viendront. Déjà, nous avons quelques promesses pour la suite. Chaque année, nous en sommes convaincus, nous pourrons ajouter quelque sujet nouveau aux choses enseignées, un nouveau nom à la liste, des six camarades de la première heure.

*
* *

Ce n'est pas que manquent les gens capables d'avoir une vision nette des choses. Mais, on ne saurait trop y insister, les conditions économiques sont telles, que la plupart ne peuvent dire tout haut ce qu'ils pensent, et que le simple fait de venir ici essayer d'expliquer leur façon de concevoir les choses, les aurait mis dans l'impossibilité de trouver à gagner leur vie.

Lorsqu'on est seul, on peut se permettre le luxe d'être indépendant. Cela ne dépend plus de vous seul, lorsque d'autres êtres dépendent de votre travail. Et comme l'état de notre caisse ne nous permet pas de payer les bonnes volontés que nous sollicitons, on comprend les difficultés.

Mais il y en a d'autres qui n'ont pas les mêmes excuses. Dans les sciences, dans les arts, dans la littérature, nombreux sont ceux qui se laissent entraîner à des aveux édifiants, à formuler nos conclusions, à exprimer nos aspirations, à faire plus acerbes les critiques que nous formulons contre l'organisation qui nous écrase.

Seulement, lorsqu'on va leur demander de se joindre à ceux qui cherchent à réaliser ces aspirations, à combattre la cause des maux si bien décrits, à appliquer au régime économique les vérités scientifiques si clairement exprimées, bernique ! la plupart de ceux-là reculent effrayés !

Ils veulent bien consentir à formuler des vérités ; mais à condition qu'on ne cherche pas à en tirer aucune application pratique : Justice, Progrès, Solidarité, Initiative, grands mots avec lesquels ils veulent bien jongler, auxquels, au besoin, ils mettront des capitales ; mais à condition que cela, pour eux, reste toujours matière à discours. Ils n'en sont plus, du jour où des individus, assez malavisés, veulent en faire des vérités sociales, dans l'ordre économique aussi bien que dans l'ordre politique.

****

Nos cours n'ont pas pour but de faire des spécialistes. Notre ambition serait de permettre à chacun d'acquérir des notions générales en chaque branche du savoir humain, des notions nettes et précises qui, leur faisant embrasser la complexité des choses, leur permettront de se former un jugement sûr, logique et rationnel. Certains « intellectuels » vont peut-être nous traiter de *Bouvard* et *Pécuchet*. Mais si Flaubert était un grand littérateur, il était réactionnaire en beaucoup de points, et loin de me moquer des deux types créés par le romancier, je garde mon mépris pour ceux qui se targuent des quelques bribes de savoir qu'ils doivent à leur situation privilégiée pour se moquer de ceux qui font tous leurs efforts pour sortir de l'ignorance où voudrait les condamner notre état social.

*
* *

Pendant longtemps, — encore aujourd'hui — on a cru que l'homme était un animal fantasque, capricieux, fainéant, qui n'accomplissait rien rationnellement, n'agissant que sous la pression du châtiment ou l'appât de la récompense, et qu'il fallait, de bonne heure, plier à la discipline, habituer à la coercition.

Les économistes, gens très savants, — ce sont eux qui l'affirment — en ont fait un aphorisme pour justifier l'état social actuel : « L'homme, disent-ils, recherche le plaisir et fuit la douleur. » La Palisse n'aurait pas mieux trouvé.

Seulement, ajoutent-ils : « Consommer étant un plaisir, produire étant une peine, l'homme livré à lui-même voudrait toujours consommer sans jamais produire. Il faut donc tout donner aux uns, ne rien laisser aux autres; de cette façon il y en aura toujours un certain nombre qui seront bien forcés de travailler.

Mais l'axiome des économistes n'est vrai qu'à moitié.

Que l'individu se tourne du côté du moindre effort, cela est tout naturel. Forcer les autres à travailler à votre profit, à la brute ignorante, alors que toutes ses facultés étaient tendues vers la conquête de sa pâture, pouvait sembler une solution très désirable, et l'on ne s'est pas fait faute de l'appliquer; cela a pu même durer sans grands efforts tant que les gens ont été assez bêtes pour se plier à cette solution.

Seulement, chaque chose a ses inconvénients, chaque action appelle sa réaction. Le travail qui devrait être un plaisir, une gymnastique pour vos muscles, un aliment à votre activité, par ce fait que quelques-uns sont forcés de produire pour tous est devenu, au contraire, une véritable peine, entraînant une souffrance d'autant plus grande qu'il vous était imposé, non par vos besoins, mais par des conditions extérieures à votre volonté. Et ceux qui y sont assujettis ne veulent plus s'y plier. Nous entrons dans la phase où la loi du moindre effort forcera nos dirigeants à travailler eux-mêmes à la satisfaction de leurs besoins personnels.

*
* *

Tout s'enchaîne dans l'état social. Ceux qui ont organisé l'enseignement, sont partis des mêmes principes que ceux qui aidaient à l'évolution économique. Ils ont été aussi intelligents !

L'étude, qui aurait dû être un régal pour le besoin d'apprendre que possède tout être ayant des facultés saines, a été rendue si aride, si revêche, que c'est, pour notre cerveau, une peine aussi dure que le travail de production pour nos muscles.

On n'a pas demandé aux intelligences ce qu'elles voulaient connaître, ce qu'elles étaient susceptibles de s'assimiler. Dans ce qui semblait le plus connu, on a pris ce qui chatouillait le mieux les besoins de ceux qui se faisaient éducateurs, on a fait un pot-pourri que l'on s'est ingénié à faire entrer, de gré ou de force, dans les cervelles les plus rebelles, sans s'inquiéter de celles qui en crevaient.

Puis, comme la plupart regimbaient à cette nourriture indigeste, comme d'aucuns se refusaient aux méthodes d'ingurgitation, on s'en est autorisé pour déclarer doctoralement que l'homme n'est qu'un être ignorant, qui n'apprend que sous la crainte de la férule. Cette dernière, de tous temps, ayant été considérée comme la raison suprême.

Et depuis des milliers d'années s'est ainsi faite l'éducation humaine. Inutile de s'étonner ensuite si l'homme est vaniteux et rampant — l'un n'exclut pas l'autre. — Ce qui doit nous étonner beaucoup plus, c'est qu'il ne s'y soit pas perverti complètement.

C'est qu'il est plus facile d'établir un programme et de décréter que tous auront à s'y conformer, que d'étudier les aspirations de chacun et de trouver la méthode qui lui soit adéquate.

Il y aura toujours des esprits faibles pour se conformer aux ordres reçus. Si, en route, on brise des caractères **indépendants**, c'est tant mieux pour l'ordre social, qui n'admet pas qu'on le discute.

Ce qu'il y aura de bon dans les résultats obtenus, sera attribué à la façon de procéder ; les résultats néfastes n'étant attribuables qu'au caractère vicieux de la bête humaine.

Ainsi s'établissent les opinions.

*** ***

Un enseignement vraiment rationnel, capable de développer les intelligences, et — ce qui est encore plus difficile — capable de former des caractères, doit donc, être débarrassé des récompenses comme des châtiments. Lorsque l'âge de celui qui apprend ne lui permet pas de comprendre que la nécessité d'acquérir certaines connaissances est une des conditions du développement de son être, l'attrait du travail poursuivi doit en être le seul mobile.

L'enseignement rationnel doit tenir compte des préférences et des répugnances de l'individu. Son but n'est pas de créer des aptitudes, mais de les rechercher et de les aider à se développer. Ce qu'il doit viser, ce n'est pas à fourrer dans les cerveaux une science toute faite, indigeste, parce qu'incomprise, et par conséquent inassimilable.

Écartant les formules-clichés, c'est à provoquer la réflexion de celui qui écoute que doit tendre l'exposé de celui qui enseigne. C'est à susciter ses questions, ses objections qu'il doit viser.

Élargir le cerveau, mais respecter l'individualité de l'élève. Éveiller sa curiosité, son initiative ; lui mettre en présence les opinions contradictoires pour que s'exerce son esprit de critique et de déduction ; l'amener à ce qu'il n'accepte les explications données que lorsqu'il les a lui-même fait passer par sa propre critique. Voilà l'œuvre à faire.

Si l'on sait rendre l'enseignement attrayant, inutiles les châtiments et les récompenses, nuisibles au contraire. Pour éveiller l'activité de l'élève, le plaisir qu'il y trouvera sera suffisant. Tolstoï, en son école de *Yasnaïa Poliana*, nous le démontre surabondamment. Les leçons seront toujours trouvées trop courtes.

Il en est de même, du reste, pour le travail des adultes. Autant sont dures et longues les minutes que nous passons au travail imposé, autant passent vite et légères les heures consacrées au travail qui nous agrée, choisi par nous.

Apprendre à l'individu à se développer dans toutes ses virtualités, à agir selon sa nature, ses tendances, ses affinités, ses conceptions; lui apprendre qu'il ne doit rien attendre en dehors de sa propre initiative, qu'il ne doit supporter d'autres entraves que celles amenées par les circonstances; respecter les autres initiatives pour être à même de faire respecter la sienne, voilà le premier travail de l'éducation — et ce dont nous avons le plus pressant besoin.

*
**

Un autre point de l'enseignement rationnel, c'est celui de la coéducation des sexes. Là-dessus encore nous n'en sommes pas les promoteurs, puisque l'ami Robin l'avait accompli avec d'assez heureux résultats pour que le système ait survécu à sa destitution.

Nous n'avons pas, du reste, la prétention d'avoir découvert l'Amérique. Nous savons que tout ce que nous pouvons dire, a été dit avant nous; nous ramassons les idées éparses et essayons de les coordonner du mieux qu'il nous est possible. C'est encore une tâche assez belle. Il y en a si peu qui en soient capables.

Mais revenons à notre projet.

Donner aux filles et aux garçons l'habitude de se traiter en camarades, fera beaucoup plus pour l'émancipation de la femme que toutes les lois réclamées par les féministes. Beaucoup plus, surtout, que tous les prétendus droits dont ils veulent lui faire cadeau et qui ne sont que des attrape-nigauds.

L'homme en sait quelque chose pour en avoir assez usé pour son propre compte.

En bas âge, filles et garçons restent confondus dans les mêmes jeux. Mais, sitôt que commence à s'éveiller l'âge de raison, on les sépare et on les éduque à part, comme s'ils étaient d'espèces dissemblables, appelés à vivre d'une vie différente.

On ne leur dit pas, — mais cela ressort de toutes

nos habitudes, de toute une littérature, de toutes les conversations, — que la femme est un gibier dont le garçon aura à mener la chasse lorsqu'il sera grand et que ses mérites seront proportionnés au nombre de pièces qu'il aura abattues.

A la femme : que l'homme est un être brutal, égoïste, qu'elle devra essayer d'amadouer et d'enchaîner par toutes les grâces et la duplicité dont elle pourra être capable.

*
* *

L'amour, si nous en jugeons d'après notre littérature, suffirait presque à lui seul à remplir le cadre de l'activité humaine. Tout apprend à l'enfant, au jeune homme, à la jeune fille qu'ils sont faits pour aimer. Mais on les tient éloignés l'un de l'autre. Après leur avoir exalté les douceurs de l'amour, on fait tout son possible pour leur en faire un mystère; si on ne leur dit pas que c'est une chose hideuse à consommer, on le leur laisse supposer.

Les sexes restent un mystère l'un pour l'autre. Leur imagination, surexcitée, les fait s'envisager comme une chose que l'on redoute, mais que l'on brûle de connaître. Tout l'être se trouve tendu vers cet inconnu; les facultés autres sont annihilées par cette hantise.

Aussi, lorsque arrive l'heure de l'émancipation, c'est une poussée irrésistible, et l'amour qui devrait être l'union harmonique de deux êtres n'est, le plus souvent, que la rencontre de deux besoins physiques surexcités dont il ne restera plus rien lorsque sera venue la satisfaction.

L'amour étant une fonction normale, et la femme et l'homme étant appelés à vivre côte à côte toute leur vie, pourquoi envelopper de mystère cette fonction organique, alors que, tous les jours, elle s'accomplit sous nos yeux, malgré la pruderie de nos éducateurs?

Pourquoi les sexes ne s'habitueraient-ils pas, dès le jeune âge, à se connaître, puisque cette connaissance leur sera indispensable pour savoir orienter leur vie?

N'est-ce pas en nous habituant à voir les choses comme elles sont que nous nous ferons une conception nette de l'existence, nous prémunissant ainsi contre les emballements irréfléchis qui amènent à leur suite de cruelles déceptions, et contre les déceptions elles-mêmes, qui ne sont que la suite de nos fausses notions de la réalité?

Apprenons à faire respecter notre personnalité; apprenons à respecter celle de tout être humain, ce sera un grand pas de fait vers l'affranchissement commun.

*
* *

La bourgeoisie se vante d'avoir propagé l'instruction. Cela est vrai. Aujourd'hui, nous avons beaucoup moins d'individus illettrés. Mais cela veut-il dire qu'ils en soient plus intelligents? Hélas non! car l'instruction que mesure l'Etat peut bien gonfler le cerveau, mais ne l'exerce pas, ni ne le développe. Et nombre de gens qui se pavanent à l'idée de « l'instruction » donnée à leur progéniture me rappellent une anecdote qui me fut contée par une dame anglaise de mes amies, qui avait vécu quelque temps en Espagne, et y avait quelque peu étudié les mœurs.

Elle y avait fait connaissance d'un brave ouvrier, sobre, honnête, laborieux, plein d'amour-propre et de dignité, comme le sont, là-bas, la plupart des travailleurs.

Il parlait à cette dame de sa famille, de ses nombreux enfants; comment il les avait élevés, et dirigés dans la vie.

Beppo était apprenti chez un menuisier, Alfonso cordonnier, Carmen apprenait le métier de modiste, Pedro apprenait à être aveugle!

— A être aveugle! s'écria la dame avec horreur.

— Mais oui! J'ai donné un beau métier à chacun de mes enfants. — Et le père se redressait avec fierté. — Mais c'est Pedro qui a le meilleur de tous. C'est que, aussi, il me ressemble, et j'ai un faible pour lui.

Et alors il expliquait à la dame scandalisée combien il payait cher pour le traitement du fortuné Pedro dont on affaiblissait la vue par un obscurcissement graduel de ses beaux yeux vifs et hardis. Il ne faudrait guère plus de deux ou trois mois pour qu'il fût tout à fait aveugle. C'est une si belle carrière que celle d'un mendiant aveugle!

Certes le père était fier des sacrifices faits pour

chacun de ses enfants. Mais c'étaient ceux faits en faveur de Pedro qui l'enorgueillissaient le plus.

Tous les parents, en notre état social, en sont là lorsqu'ils se vantent de l'éducation donnée à leurs enfants. Ils donnent à l'Université des intelligences éveillées, hardies, curieuses de voir et d'apprendre, on se chargera d'étouffer cela. L'opération demande un peu plus de trois mois, mais les résultats n'en seront pas moins complets. On leur rendra des êtres dévirilisés qui, par peur de la lutte, n'auront qu'un objectif : se caser dans quelque fonction où ils n'auront plus à réfléchir, plus à s'inquiéter du lendemain.

Les injustices les plus criantes se perpétreront sous leurs yeux sans qu'ils les voient. Les plaintes des victimes s'élèveront, stridentes, à leurs oreilles sans qu'ils les entendent. L'éducation universitaire aura fait son œuvre en interposant, entre eux et la réalité, le voile des hypocrisies et des conventions, en obscurcissant à jamais, en totalité ou en partie, la lumière de la vérité.

*
* *

Qui de nous peut se vanter d'avoir conservé la vision intacte ? Notre éducation faussée nous empêche de voir les choses telles qu'elles sont. La pleine lumière nous gêne, il nous faut des lunettes, des ombrelles, des rideaux, des volets, des écrans qui nous tamisent la lumière, ne la laissant pénétrer que graduellement, de façon à ne pas fatiguer nos pauvres yeux désaccoutumés du plein soleil.

Que d'idées, que de conceptions nous avons ainsi, en quelques coins de notre cerveau, que nous croyions excellentes, dont nous serions prêts à soutenir mordicus la justesse !

Mais, lorsque en contradiction avec les faits, nous les analysons, les passons à la critique, nous nous apercevons que nous les tenons nous ne savons pas de qui, les avons prises nous ne savons où, et qu'elles se sont formées dans notre esprit nous ne savons pas comment.

Et combien passent ainsi toute leur existence à ressasser religieusement des idées ainsi reçues, sans avoir jamais su les analyser ?

C'est pourquoi le progrès a été si lent, ne s'est fait qu'à la lueur des bûchers, et que, au siècle de la vapeur, de l'électricité, nombre de gens en sont encore aux croyances de l'âge de la pierre.

*
* *

En l'école telle que nous la comprenons, les enfants apprendront à envisager la vie telle qu'elle est, à ouvrir les yeux sans peur, à regarder les choses en face, les hommes sans crainte ; ils apprendront à chercher, examiner, peser, discuter, critiquer, n'acceptant une solution que lorsque leur raisonnement la leur indique comme plus logique, et non parce qu'on la leur aura enseignée telle.

A cette heure où l'on fait des ligues pour apprendre aux individus à respecter les lois, en méprisant ceux qui sont chargés d'en assurer l'exécution, à certains autres à mépriser les lois pour garder toute sa foi à ceux qui les interprètent ; d'autres encore ayant la naïveté de croire qu'ils pourront faire respecter l'individu par les lois et ceux qui les font, nous, nous voulons simplement apprendre aux individus qu'ils doivent savoir se respecter, et se faire respecter, sans lois, envers et contre les lois, et leurs parasites.

Et en faisant ainsi, nous avons conscience de faire excellente œuvre révolutionnaire.

Car, lorsque aura crû le nombre des individus conscients de leur être, de leur rôle en la vie, de leur force et de leur volonté, c'en sera fait des dirigeants et des exploiteurs ; car, n'attendant plus leur émancipation de causes qui leur sont extérieures, ils sauront, ceux-là, vivre comme ils l'auront conçu, en renversant ce qui tentera de leur faire obstacle.

Imprimerie Charles Blot, 7, rue Bleue, Paris.

BROCHURES ÉDITÉES PAR *LA RÉVOLTE*

Épuisées à l'heure actuelle, mais dont réimpression sera faite lorsque le
permettra l'état de la caisse.

L'**Esprit de révolte**, *par Kropotkine* . . . . » 15
Le **Salariat**, *par Kropotkine* . . . . » 15
Evolution et **Révolution**, *par E. Reclus*. . . . . » 15
Les **Prisons**, *par Kropotkine* . . . . » 15
Les **Produits** de la terre et les **Produits** de l'industrie,
   par X. . . . . » 15
Richesse et **Misère**, *par X* . . . . » 15
Les **hommes** et les **théories** de l'**Anarchie**, *par Hamon* . . » 15
L'**Anarchie** dans l'**évolution** socialiste, *par Kropotkine* . . » 15
Aux Jeunes Gens, *par Kropotkine*. . . . . » 15
Patrie et **Internationalisme**, *par Hamon* . . . . » 15

En dehors de l'album, nous avons :

Un **repaire de malfaiteurs**, *par Wuillaume*. . 1   » *franco* 1 15
L'**Ecrasement**, édit. par *An-Archist* d'Amsterdam 1 » — 1 15
Le **11 Novembre 1887**, *eau-forte* . . . . . . 1 75 — 1 90
Bakounine, *portrait au burin par Barbottin*. . . » 50 — » 60
Proudhon, *portrait au burin par Barbottin* . . . » 50 — » 60
Caflero . . . . » 50 — » 60
Pour les détenus de Montjuich, *dessin de Luce* . . . . . . 1 »
Un frontispice en couleur, *par Wuillaume*, pour
  le premier volume du Supplément . . . . . . 1 25 — 1 40

CHANSONS

La **Carmagnole** avec les couplets de 1793, 1869,
  1883, etc. . . . . » 10
L'**Internationale**; **Crevez-moi la sacoche**; **Le Politicien**,
  de E. Pottier . . . . » 10
Ouvrier, prends la machine; **Qui m'aime me suive**; **Les
  Briseurs d'images** . . . . » 10
La **Chanson du Gas**; **A la Caserne**; **Viv'ment, brav' Ouve-
  rier**, etc . . . . » 10
J'n'aime pas les sergots; **Heureux temps**; le **Drapeau
  rouge** . . . . » 10

Le cent : 4 fr. 50; l'exemplaire, par la poste : 0 fr. 15.

LES TEMPS NOUVEAUX

Paraissant tous les 8 jours avec un Supplément littéraire.
10 centimes le numéro. — *Administration :* **140, rue Mouffetard.**

Abonnements : FRANCE, un an, 6 fr.; EXTÉRIEUR, 8 fr.

En vente aux *Temps Nouveaux* :

L'**Éducation libertaire**, *par Domela Nieuwenhuis, couverture de Hermann-Paul* (1) . . . . » 15

Enseignement bourgeois et **Enseignement libertaire**, *par J. Grave, couverture de Cross* . . . . » 15

Le **Machinisme**, *par J. Grave, avec couverture de Luce* . . . . » 15

Les Temps nouveaux, *par Kropotkine, avec couverture ill. par C. Pissarro* . . . . » 30

Pages d'histoire socialiste, *par W. Tcherkesoff* . . . . » 30

La Panacée-Révolution, *par J. Grave, avec couverture de Mabel.* » 15

L'Ordre par l'anarchie, *par D. Saurin* . . . . » 30

La Société au lendemain de la Révolution, *par J. Grave.* . . » 70

Aux femmes, *de Gohier, couverture de Lebasque* . . . . » 15

Entre Paysans, *par Malatesta, avec couverture de Wuillaume.* » 15

Déclarations *d'Etiévant, couverture de Jehannet* . . . . » 15

L'Art et la Société, *par Ch.-Albert* . . . . » 20

La Liberté par l'enseignement, *couverture de Wuillaume.* . » 10

A mon Frère le paysan, *par E. Reclus, couverture de L. Chevalier.* . . . . » 15

La Morale anarchiste, *par Kropotkine* . . . . » 15

Les Temps Nouveaux, 1re, 2e, 3e, 4e et 5e années, complètes : 7 fr. l'année. — Les cinq ensemble : 25 francs.

La Révolte, collection complète (trois seulement) : 150 francs.

COLLECTIONS DE 30 LITHOGRAPHIES

Ont déjà paru : **L'Incendiaire**, *par Luce* (épuisée). — **Porteuses de bois**, *par C. Pissarro* (épuisée). — **L'Errant**, *par X.* — **Le Démolisseur**, *par Signac.* — **L'Aube**, *par Jehannet.* — **L'Aurore**, *par Wuil-* **Les Errants**, *par Rysselberghe.* — **L'Homme mourant**, *pa.* *rro.* — **Les Sans-gîte**, *par C. Pissarro.* — **Sa Majesté la Fa.....**, *par Luce.* — **On ne marche pas sur l'herbe**, *par Hermann-Paul.* — **La Vérité au Conseil de guerre**, *par Luce.* — **Mineurs belges**, *par Constantin Meunier.* — **Ah ! les sales corbeaux !** *de J. Hénault.* — **La Guerre**, *de Maurin.* — **Epouvantails**, *de Chevallier.* — **Capitalisme**, *de Comin'Ache.* — **Education chrétienne**, *de Roubille.* — **Provocation**, *de Lebasque.*

Ces lithographies sont vendues 1 fr. 25 l'exemplaire sur papier de Hollande, franco 1 fr. 40; édition d'amateur : 3 fr. 25, franco 3 fr. 40.

Il ne reste qu'un nombre très limité de collections complètes. Elles sont vendues 50 francs ce qui est paru de l'édition ordinaire, 100 francs celle d'amateur.

Nous préparons aussi une série d'images à l'usage des enfants. — La première : *Chauvinard*, est parue . . . . 3 fr. le cent; 0 fr. 40 l'ex.

(1) Pris dans nos bureaux ou par un certain nombre à la fois, les petites brochures se vendent 0 fr. 05, les lithographies 0 fr. 15, et les volumes 0 fr. 25 en moins.

PARIS. — IMPRIMERIE CHARLES BLOT, 7, RUE BLEUE.

www.ingramcontent.com/pod-product-compliance
Lightning Source LLC
Chambersburg PA
CBHW051443060726
47596CB00006B/2605